Wolfgang Schmidt

Die Marienkirche Stoltenhagen mit ihren mittelalterlichen Malereien

Ludwig

Bibliografische Information der Deutschen Nationalbibliothek
Die Deutsche Nationalbibliothek verzeichnet diese Publikation in der Deutschen Nationalbibliografie; detaillierte bibliografische Daten sind im Internet über https://portal.dnb.de abrufbar.

Holtenauer Straße 141
24118 Kiel
Tel.: 0431-85464
Fax: 0431-8058305
info@verlag-ludwig.de
www.verlag-ludwig.de

Satz & Layout: Daniela Zietlow

Gedruckt auf säurefreiem und alterungsbeständigem Papier
Printed in Germany

ISBN 978-3-86935-467-5

VORWORT

Mit der Übertragung der Pfarrstelle Grimmen im Jahr 2011 übernahm ich auch die Verantwortung für die Marienkirche in Stoltenhagen.

Diese befand sich zu diesem Zeitpunkt in einem alles andere als guten Zustand. Das Raumklima war wegen fehlender Belüftungsmöglichkeiten ausgesprochen schlecht, die barocke Kanzel stark vom Holzwurm befallen und diverse Orgelpfeifen verschiedener Register lagerten im Kirchenschiff und warteten auf die Instandsetzung der Orgel. Am gravierendsten waren aber die Wasserschäden an der Decke des Chorraumes, worunter sich laut eines im Jahr 2013 in Auftrag gegebenen restauratorischen Gutachtens wertvolle Malereien befinden (sollen).

In Blick auf die bevorstehende 750-Jahrfeier des Bestehens der Marienkirche, welche im Jahr 2019 gefeiert wurde, entstand bei mir der erhöhte Anspruch, Fördermittel zur Sanierung der Kirche einzuwerben. Dieses stellte sich als ausgesprochen schwierig dar und blieb über Jahre erfolglos, da mögliche Fördermittelgeber den Wert dieser Kirche und ihrer Inneneinrichtung bis dato nur schwer erkennen konnten. Erst mit der Freilegung erster mittelalterlicher Malereien an der Nordkappe der Chordecke, bei der sechs Apostel zutage traten, war es mir möglich, das Interesse für diese Kirche zu wecken.

Im Jahr 2021 konnte die Buchholz-Orgel saniert werden, im Folgejahr erfolgte die Freilegung der mittelalterlichen Malereien an der Südkappe der Chordecke, im Jahr 2023 die Freilegung dieser an der Ostkappe. All das wurde freundlicherweise mit Geldern der Friede Springer Stiftung und der Dr. Weisbrod-Russ-Stiftung finanziert. Was dort an Malereien zum Vorschein kam, hat mittlerweile international Interesse bei Kunsthistorikern hervorgehoben. Neben weiteren sechs Aposteln an der Südseite ist an der Ostseite in einem Medaillon Jesus als Weltenherrscher zu erkennen, umrahmt von Johannes dem Täufer, Maria, der Mutter Jesu und den vier Evangelisten, darüber vier Engel.

Zurzeit laufen abschließende restauratorische Arbeiten an der barocken Kanzel, welche sich wegen des akuten Holzwurmbefalls als sehr aufwendig herausgestellt haben. Diese stammt aus der Stralsunder Werkstatt des Elias Kessler und ist das einzige Überbleibsel einer einst wertvollen barocken Innenausstattung, die sich einst in der Kirche befand und im 19. Jahrhundert im neogotischen Stil erneuert wurde.

Mit diesen restauratorischen Arbeiten konnte ein Anfang dringend erforderlicher Sanierungsmaßnahmen gemacht werden, welche nun auf Fortsetzung warten. Es wäre zu wünschen, dass sich mein Nachfolger und der Kirchengemeinderat verstärkt dieser so großartigen Kirche annimmt und die Restaurierungs- und Sanierungsarbeiten zeitnah Fortsetzung finden.

Wolfgang Schmidt

INHALT

Abb. 1 Foto Kirche Stoltenhagen 1877 von Christian Beerbohm

ZUR GESCHICHTE

Das zu Beginn des 13. Jahrhunderts entstandene Stoltenhagen präsentiert sich mittlerweile als ein recht langgezogenes Straßendorf und liegt nur wenige Kilometer von Grimmen entfernt. Territorial lag das zum Kloster Neuenkamp gehörende Stoltenhagen im Fürstentum Rügen, kirchenrechtlich im mecklenburgischen Bistum Schwerin.

Urkundlich wurde die 1486 der Mutter Gottes geweihte Marienkirche erstmals 1297 erwähnt.[1] Mit der Säkularisierung der Klostergüter von Neuenkamp übernahmen zunächst die pommerschen Herzöge das Kirchenpatronat in Stoltenhagen. Nach dem Dreißigjährigen Krieg fiel das mit dem Besitz von Hohenwarth verbundene Patronat an die schwedische Krone, welches durch die Inschrift der großen Kirchenglocke, die Karl den XII., König von Schweden und Herzog von Pommern, als Stifter ausweist, eine Bestätigung findet. Später fiel das Patronat dann an die Besitzer des Gutes Hohenwarth, erst an die Familie Appelmann und seit den 1770er Jahren an die Familie Gyllenstorm. Peter Appelmann kommt dabei eine besondere Rolle zu, der als Generalgouverneur Aufgaben für die Unterhaltsländer übernahm, nachdem Königin Christina von Schweden abgedankt hatte. Eine besonders schön gearbeitete Grabplatte im Inneren der Kirche gibt uns Aufschluss über die Bedeutung und den Wohlstand, welche den Familien Appelmann zu ihrer Zeit zukam.

Bis zum Jahre 1686 war Stoltenhagen eine selbstständige Pfarrstelle, danach bis 1842 mit der Pfarrstelle Rolofshagen verbunden. Im Juli 1915 wurde die Pfarrstelle aufgehoben und der zweiten Pfarrstelle Grimmen zugeordnet. 1997 gab Stoltenhagen dann auch rechtlich seine Selbstständigkeit als Kirchengemeinde auf und wurde mit der Kirchengemeinde Grimmen vereinigt.[2]

BAUGESCHICHTE DER MARIENKIRCHE STOLTENHAGEN

Die Marienkirche Stoltenhagen wurde in der zweiten Hälfte des 13. Jahrhunderts erbaut und ist 22,50 Meter lang und 13,40 Meter breit. Der **Chor** wurde in den Jahren 1260–1270 errichtet, das **Kirchenschiff** etwas später in den Jahren 1280–1290. Der Anbau der **Sakristei** an der Südseite der Kirche erfolgte in den letzten Jahren des 13. Jahrhunderts. An dieser wurden im 18. Jahrhundert umfassende Umbauarbeiten durchgeführt, um die Umfassungswände zu stabilisieren. Unter der Sakristei befindet sich eine Gruft, welche als Familiengrablege von der Familie Appelmann genutzt wurde.

An der Westseite der Kirche befindet sich ein **Backsteingiebel**, wo man eine große runde Öffnung erkennen kann, die als Zugang zum Turm vorgesehen war. Solch ein Turm könnte dort zumindest in Ansätzen errichtet worden sein, da Ernst von Hasselberg die Fundamente für solch einen Turm festgestellt haben will.[3] Auch der Bauforscher Torsten Rütz geht davon aus, dass sich ein Turm an der Stoltenhäger Kirche befunden hat und begründet dies mit dem an der Westwand erhaltenen Sockelgeschoss und erhaltenen Mauerwerksteilen, die zum ersten Turmobergeschoss gehört haben könnten. Des Weiteren sollen die recht großen, rechteckig behauenen Feldsteine, welche für den Sockel einer Turmwand bestimmt waren, daraufhin weisen.[4]

Relativ zeitnah nach dem Bau der Kirche wurde im 14. Jahrhundert ein zusätzlicher **kleiner Eingang** an der westlichen Südseite geschaffen, der später wieder zugemauert wurde. Der Zugang auf der Nordseite, der aus der Zeit des Ursprungbaus

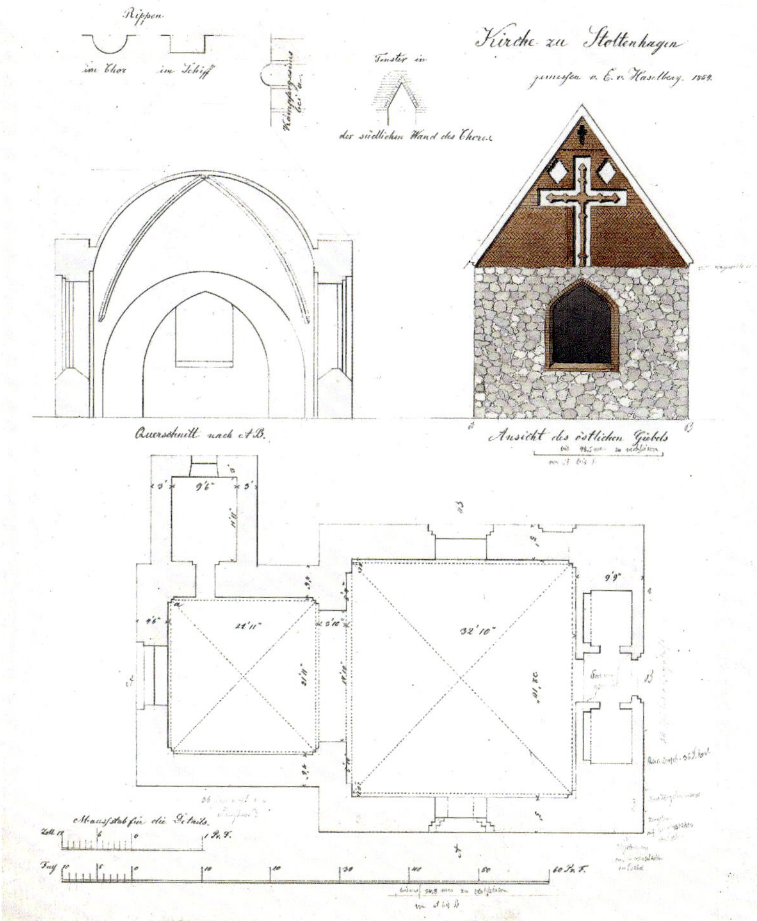

Abb. 2 Dokumentation im Skizzenbuch von Ernst von Hasselberg der Kirche Stoltenhagen aus dem Jahre 1854

stammt, ist Mitte des 19. Jahrhunderts vollständig erneuert worden.

Architektonischer Höhepunkt der Kirche ist das östliche, aus Ziegelsteinen errichtete **Giebeldreieck**, dessen Mauerschale in einem aufwändigen Verbandsmuster gesetzt ist. An diesem ist ein

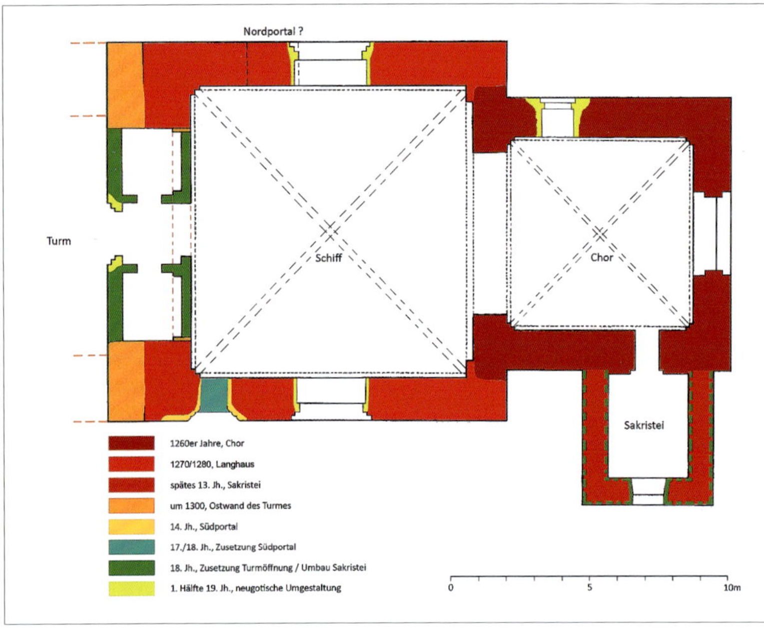

Abb. 3 Bauraltersplan für die Kirche in Stoltenhagen

zentrales **Blendenkreuz** aufgemauert, welches man an weiteren Kirchen im Umland finden kann, auch wenn das hiesige besonders schön ausgeprägt und gut erhalten ist.

Die Kirche ist aus Feldsteinen errichtet worden, die Einfassungen der Fenster und Türen aus Ziegeln, ebenso das Giebeldreieck des Chores.

Zur Kirche gehört ein freistehender, 1767 errichteter und mehrfach erneuerter verbretterter **Glockenstuhl.**[5] Hier hängen zwei Glocken, die 1702 in Rostock und 1728 in Stralsund gegossen wurden.

Der Stifter der älteren und größeren Glocke ist Karl XII., König von Schweden und Herzog von Pommern, der Stifter der kleinen Glocke Gustav Gabriel Appelmann. Beide stifteten die Glocken, auf denen folgende Inschriften zu finden sind, als jeweilige Patrone der Kirche zu Stoltenhagen:

Abb. 4 Inschrift im 1767 errichteten Glockenturm

Auf der **größeren Glocke** steht: »SOLI DEO GLORIA ANNO 1702« darunter: »O JESU VOLLER GNADEN BEWAHRE MICH VOR SCHADEN«. Am unteren Rand wird der Meister genannt: »M ERNST SIEBENBAUM HAT MICH GEGOSSEN«. Die vordere Seite der Haube trägt folgende Inschrift: »CAROLUS XII REX SVECIAE DUX POMERANIAE PATRONVS HVIVS ECCLESIAE«, die Rückseite: »PASTOR ALBERTUS BRACHT / VOR STEHER IOCHIM JENS / JOHAN HAMAN«.

Auf der **kleineren Glocke** steht: »O JESU DIR ZU EHREN WILL ICH MICH LASSEN HÖREN«, am unteren Rand: »1728 GOSS MICH JOCHIM METZLER IN STRALSUND«. Die Haube trägt folgende Inschrift: »PATRON GUSTAV GABRIEL APPELMANN«, darunter dessen Wappen, es folgt: »VORSTEHER CHRISTIAN KRÜGER PASTOR BRACHT KÜSTER CHRISTIAN RIEDEL«.

DAS INNERE DER MARIENKIRCHE

Beim Zutritt in die Kirche geht man über eine mittelalterliche Altarplatte, welche gut an den sich dort befindenden Weihekreuzen erkennbar ist. Diese wird dort seit langem als Türschwelle genutzt und stammt aus der Kirche in Abtshagen.[6]

Die Marienkirche wurde im 19. Jahrhundert im neogotischen Stil umgebaut. Dieser ist noch im vollständigen Umfang erhalten. Bei der Umgestaltung verlor die Kirche ihre reichhaltige barocke Innenausstattung, wovon nur noch die Kanzel erhalten ist. Im Zuge dieser wurde ein Tabernakel und eine Pietà aus dem Mittelalter in die Grimmer Marienkirche ausgelagert, wo sie besichtigt werden können. Die aus dem 15. Jahrhundert stammende Pietà zeigt Maria, die um ihren Sohn Jesus Christus trauert.

Eine Besonderheit der Kirche stellt der bis heute vollständig erhaltene Dachstuhl über dem Chor aus dem Jahre 1269 dar. Er gehört damit zu den ältesten Dachwerken in Vorpommern.[7]

Der Chorraum

Der quadratische Chorraum ist mit einem hohen, kuppelartigen, von vier Kopfkonsolen getragenen Kreuzgewölbe versehen. Die **Köpfe** symbolisieren das in seinen vier Himmelrichtungen fest gefügte Weltgebäude, über dem sich die göttliche Heilsordnung, der Himmel wölbt. Die nordöstliche Kopfkonsole wurde von einem Restaurator in seine ursprüngliche Form zurückversetzt, wo nun ein Kopf mit Augen, Nase und Mund zu erkennen ist.

Abb. 5 Blick in den Chorraum mit neogotischen Altar

Malereien in der Marienkirche

Die **Gewölbekappen der Decke im Chor** und deren Wände waren allesamt bemalt, was ein im Jahr 2014 in Auftrag gegebenes restauratorisches Gutachten belegt,[8] wovon an drei Seiten davon die **Freskenmalereien** in den letzten Jahren restauratorisch freigelegt werden konnten.

Insgesamt konnten von den Restauratoren Annett Ulrich und Volker König sieben Fassungen an Malereien nachgewiesen werden. Drei **mittelalterlich polychrom gestaltete** und vier darüber liegende **weiße monochrome** Fassungen. Die wertvollste Fassung ist die zweite, welche zwischen 2019 und 2023 in Teilen freigelegt worden ist. Diese restauratorischen Arbeiten durchzuführen wurde möglich, da vor allem die Dr. Weisbrod-Russ-Stiftung dafür die finanziellen Mittel zur Verfügung gestellt hat.

Im oberen Gewölbebereich befindet sich jeweils eine **Engelsfigur.** Die Engel der Nord-, Ost- und Südkappe sind bis in Hüft-

Abb. 6 Kopfkonsole im Nordosten des Chorraumes nach Restaurierungsarbeiten im Jahr 2023

höhe dargestellt, während der Engel der Westseite als Ganzkörperfigur zu sehen ist.

Die drei als Halbfiguren dargestellten Engel blicken alle frontal und weisen die gleiche Handgeste auf. Die Gestaltung der Gewänder und der Flügel sind alle farblich unterschiedlich.

Unmittelbar unter den Engelsfiguren befinden sich durchgehend schwarze und grüne, schräg stehende Striche, die eine optische Trennung zur mittleren Zone der Deckenmalereien erwirken.

Der mittlere Bereich der **Ostkappe** wird durch ein großes **kreisrundes Medaillon** dominiert, in dem sich eine Darstellung des auf dem Thron sitzenden Jesus Christus befindet. Seine Arme sind ausgebreitet, seine Handgesten leider nicht mehr ablesbar. Von seinem Mund ausgehend befinden sich zwei Schwerter rechts und links seines Kopfes.

Abb. 7 Fresken an der Ostkappe des Chores, Christus als Weltenherrscher

Das Medaillon wird umgeben von den Symbolen der vier Evangelisten. Matthäus ist in Form eines Engels dargestellt, Markus als Löwe, Lukas als Stier und Johannes als Adler.

Zu beiden Seiten der Christus-Darstellung stehen fürbittend **Maria** (links) und **Johannes der Täufer** (rechts).

In den mittleren Gewölbebereichen der nördlichen und südlichen Kappe sind **jeweils sechs der zwölf Apostel** zu erkennen. Diese sind unmittelbar vor einer Stadtarchitektur sitzend dargestellt.

Jeder Apostel hält ein **ockerfarbenes Buch als Symbol des Apostelamtes** in der Hand sowie jeweils ein ihm zugehöriges Attribut.

Den unteren Abschluss der Aposteldarstellung bildet ein kunstvoller, mit ornamentierten Kacheln gestalteter Fußboden in grün und schwarz.

In den Gewölbezwickeln ist jeweils eine Engelsfigur zu erkennen. Der Hintergrund wird durch grüne Sterne dekoriert.

Abb. 8 Zwölf Apostel, Darstellung an der Süd- und Nordseitenkappe

Der Engel des westlichen Zwickels der Nordkappe hält eine Posaune oder Trompete in den Händen. Die Darstellungen der anderen Engel sind leider nur noch ansatzweise erhalten.

Im nördlichen Zwickel der Ostkappe ist ein ockerfarbenes Kreuz zu erkennen.

Am südlichen Wandbereich sind man unmittelbar unterhalb des Schildbogens die Darstellungen von zwei gegenüberliegenden flammenspeienden Drachen zu erkennen, welche in Ocker gefasst sind.

Eine detaillierte Beschreibung der einst in der Kirche vorgenommenen Freskenmalereien folgt im hinteren Teil dieses Buches.

Eindrücklich ist auch der **neogotische Altar**, welcher aus drei Bildtafeln besteht, den Fialtürmen, dem Altargitter und dem Altarbehang. Dieser wurde im 19. Jahrhundert dort zusammen mit der neogotischen Innenausstattung der Kirche aufgestellt, die bis heute vollständig erhalten ist. Der Altar dominiert den zentralen

Abb. 9 Grünes Altarantependium mit Wappen der Patronatsherren

Bereich des östlichen Chorraumes. Seitlich des Altars wurden an der Nord- und Südseite holzsichtig gestaltete Patronatsgestühle gesetzt.

Ein **Altarantependium** aus dem Jahre 1789 mit den Wappen von Carl Gyllenstorm und Andretta Mentzer ist besonders sehenswert.

Über dem Gestühl an der Nordseite hängt ein aufwendig gestaltetes, mit reichem Zierwerk versehenes **hölzernes Wappenepitaph** der Familie Appelmann, welches in der ersten Hälfte des 18. Jahrhunderts gefertigt wurde.

Links daneben befindet sich die im Jahr 2023 umgesetzte und restaurierte gusseiserne Gedächtnistafel für den letzten Patron der Stoltenhäger Kirche, Herrn Baron Carl Emerant Gustav von Gyllenstorm.[9]

An der Südwand des Chores liegt im östlichen Bereich der Eingang zur Sakristei. Unmittelbar darüber wurde um 1800 eine **Gedenkplatte** eingelassen, worauf das große freiherrliche Wap-

Abb. 10 Gedenkplatte Gustav von Gyllenstorm

pen der Familie Appelmann zu erkennen ist. Dieses wurde zusätzlich noch mit einem Orden versehen.[10]

Unter dem Eingangsbereich zur Sakristei befindet sich die ausgesprochen schön gearbeitete **Grabplatte** für Baron Gustav Gabriel Appelmann und seine Ehefrau Sophia Maria, geborene von Schävenbach. Der Bildhauer Michel Müller hat diese Platte im Jahr 1757 in seiner Stralsunder Werkstatt geschaffen.[11] Zuvor wurde dafür am 30.4.1757 ein entsprechender Vertrag zwischen beiden geschlossen.

Im westlichen Bereich der Südwand befindet sich direkt am Patronatsgestühl der Aufgang zur **Kanzel**.

Kanzel

Die **barocke Kanzel** wurde 1739 ebenfalls vom Stralsunder Kunsthandwerker Michel Müller angefertigt, der die Werkstatt von Elias Kessler[12] übernommen hat. Auf dem unteren Gesims

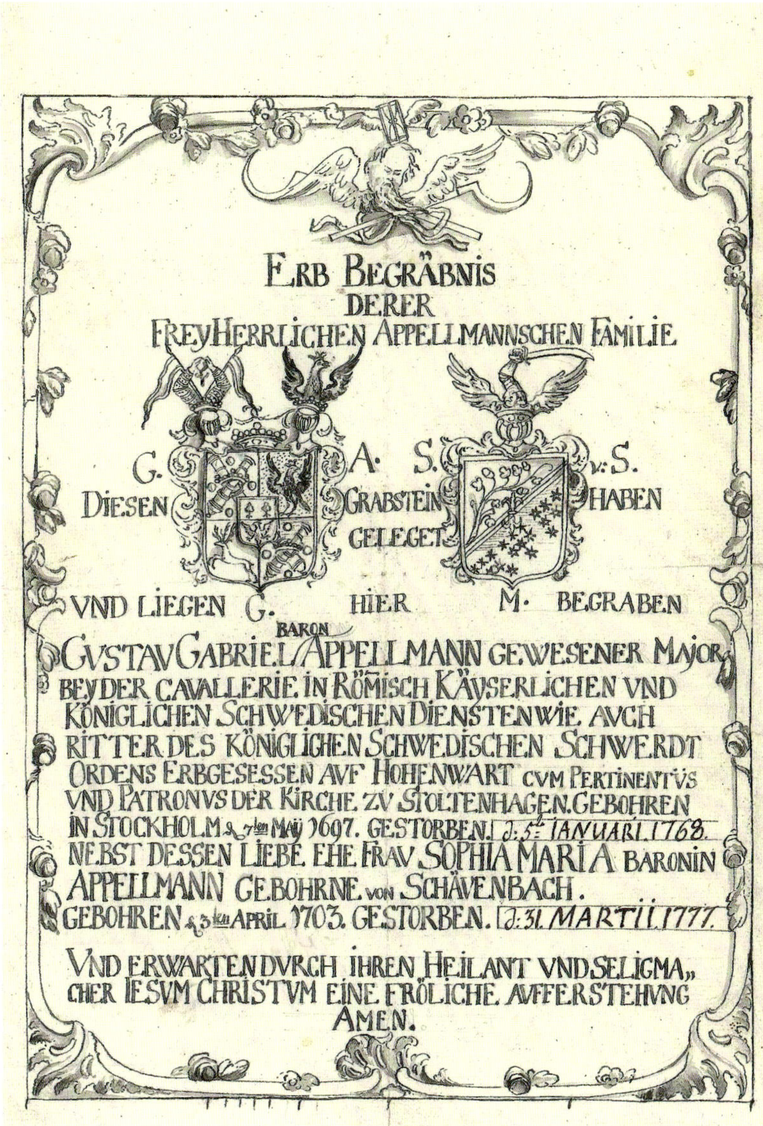

Abb. 11 Entwurfszeichnung des Stralsunder Bildhauers Michel Müller für die Gestaltung der in dieser Form bis heute erhaltenen Grabplatte für das Ehepaar Appelmann

Abb. 12 Barocke Kanzel aus der Werkstatt des Elias Kessler, Zustand 2024

Abb. 13 Blick in das Kirchenschiff mit Gestühl und Orgel

befinden sich die vier Evangelisten Matthäus, Markus, Lukas und Johannes, auf dem Schalldeckel thront ein Engel mit weit ausgebreiteten Flügeln. Die Kanzel enthält eine Inschrift ihrer Stifter Gustav Gabriel Baron von Appelmann und Sophia Maria von Schävenbach.[13]

Kirchenschiff

An der Westseite des Kirchenschiffs wurde im 19. Jahrhundert die heute noch bestehende **hölzerne Empore** für die Orgel errichtet.

Aus dieser Zeit stammt auch das schlicht gehaltene **neogotische Kirchengestühl**. An der Brüstung der Empore sind heute zwei gerahmte Farbdrucke mit Ausschnitten aus dem Leben Martin Luthers angebracht.

Abb. 14 Neogotischer Taufstein mit Resten der einstigen Vergoldung

Eine **hölzerne Gedenktafel** im südlichen Bereich des Triumphbogens erinnert an die im Ersten Weltkrieg gefallenen Dorfbewohner.

Im Vergleich zum Chor wird im Kirchenschiff das kuppelförmig gestaltete Gewölbe anstelle von runden Rippen durch am Ende spitz zulaufende Bänder unterteilt.

Taufstein

Der recht schlichte **Taufstein** stammt ebenso aus der Zeit der neogotischen Umgestaltung der Kirche. Dieser ist in dieser Form in weiteren Dorfkirchen Vorpommerns zu finden.

Orgel

Carl August Buchholz errichtete im Jahr 1839 eine **einmanualige Orgel**. Diese besteht bis heute aus größtenteils originalen Registern[14] und hat einen ausgesprochen guten Klang.

Durch Spendeneinwerbung gelang es im Jahr 2001 zunächst, eines der neun Register wieder spielbar zu machen. Im Jahr 2021 war es durch die freundliche Unterstützung der Friede-Springer-Stiftung und der Landeskirche möglich, die anderen Register und das Pedal wieder spielbar machen zu lassen. Zugleich erhielt das Orgelprospekt neue Pfeifen aus Zinn.

Die große Besonderheit dieser Orgel ist ihr **Original-Prospekt**, der in kleinen Details und in der Farbgebung an jenen der im gleichen Jahr erbauten großen Buchholz-Orgel im siebenbürgischen Kronstadt erinnert.[15] Besonders originell ist die mit einem Leder-Rosshaarpolster ausgestattete Orgelbank.[16]

In der zweiten Hälfte des 19. Jahrhunderts wurde die Orgel durch Friedrich Albert Daniel Mehmel aus Stralsund überarbeitet. In diesem Zuge wurde ein Pedal mit drei Registern angebaut.

Geistliche, die in der Pfarrstelle Stoltenhagen tätig waren:[17]

1320 Johannes, Vicepfarrer
1348 Hermann Swantwitz, Pleban[18]
1392 Heinrich Buchhagen, Vikar
1486 Balthasar Gadow, Pleban
1522–1527 Heinrich Moller, Pleban
1527 Lorenz Kleist, Vikar
1527 Zutfeld Wardenberg, Vikar
1560 Nikolaus Schmidt, Pfarrer
1550 Joachim Tide, Pfarrer
1584 Nikolaus Göde, Pfarrer
1593 Jacob Rünge, Pfarrer

Abb. 15   Blick vom Chorraum in das Kirchenschiff mit Buchholz-Orgel

1587–1615 Christopher (Christian) Sager, Pfarrer
1610–1632 Joachim Reddemer, Pfarrer
1623 Samuel Lange, Adjunkt
1632 Matthias Belkow, Pfarrer
1641 (1643) Johann Caspar Giebler, Pfarrer
1657–1683 Heinrich Priester, Pfarrer
1683–1708 Jacob Sager, Pfarrer
1691–1737 Albert Bracht sen., Substitut[19]
1726–1757 Albert Bracht jun., Substitut und Pfarrer
1758–1781 Johann Joachim Friedrich Schütz, Pfarrer
1782–1808 Johann Georg Ahrens, Pfarrer
1809–1850 Johann Friedrich Wilhelm Holtzthiem, Pfarrer[20]
1842–1886 Otto Friedrich Adolf Fink, Pfarrer
1886–1887 Ferdinand Julius Otto Paasche, Pfarrer
1887–1914 Theodor Friedrich Heinrich Krauthoff, Pfarrer
1916–1956 Martin Fischer, Pfarrer
1957–1970 Jürgen Gustav Hans Karl Leberecht Schmidt, Pfarrer
1970–1974 Margarete Dieckhoff, Pfarrerin
1974–1980 Albrecht Hoffmann, Pfarrer
1981–1983 Götz-Ulrich Koblenz, Pfarrer
1983–1995 Heinz Wenzel, Pfarrer
1995–1997 Burghard Rübcke-von Veltheim, Pfarrer
1995–2002 Hiltraut Freudenberg, Pfarrerin
2002–2008 Kai Steffen Völker, Pfarrer
2008–2010 Hiltraut Freudenberg, Pfarrerin
2011–2024 Wolfgang Schmidt, Pfarrer (seit 2012 mit der Amtsbezeichnung »Pastor«)

Abb. 16 Ostgiebel mit Blendenkreuz, Marienkirche Stoltenhagen um 1930

Abb. 17 Blick in den Chor, Marienkirche Stoltenhagen um 1930

Abb. 18 Blick in das Kirchenshiff mit barocker Kanzel und Buchholz-Orgel, Marienkirche Stoltenhagen um 1930

Abb. 19 Barocker Kanzelkorb, Marienkirche Stoltenhagen um 1930

Abb. 20 Schalldeckel der barocken Kanzel, Marienkirche Stoltenhagen um 1930

Abb. 21 Taufstein der Marienkirche Stoltenhagen, genutzt bis zur neogotischen Umgestaltung der Kirche

Abb. 22 Hözernes Wappenepitaph der Familie Appelmann aus dem 18. Jahrhundert

Abb. 23 Glockenturm neben der Marienkirche Stoltenhagen aus dem Jahr 1767

Abb. 24 Chorraum mit Kanzel und Taufstein mit Wasserschäden, Zustand 2012

Abb. 25 *Blick von der Orgelempore auf Kirchenschiff und Chor, 2024*

Abb. 26 *Neogotischer Altar mit Altargitter, Altarbehang und Bildtafel*

Abb. 27 *Rotes Farbband der Fasssung aus dem 19. Jahrhundert an der Nordseitenwand in der Marienkirche Stoltenhagen*

Abb. 28 *Freiherrliches Wappen Appelmann mit Orden oberhalb der Gedenkplatte*

Abb. 29 Gedenkplatte Gustav Gabriel Appelmann über der Tür der Sakristei auf der Südseite des Chorraumes

Abb. 30 Grabplatte Gustav Gabriel Appelmann vor der Sakristei Südseite

Abb. 31 Gedenktafel für die Gefallenen des 1. Weltkrieges aus Stoltenhagen und Hohenwarth

Abb. 32 Alte Sakristei nach der Renovierung und Umgestaltung zur Winterkirche

Abb. 33 Orgelempore mit Buchholz Orgel, 2012

Abb. 34 Pfeiffen der Buchholz-Orgel, während der Restaurieungsarbeiten lagernd im Kirchenschiff, 2021

Abb. 35 Orgelbaumeister Rainer Wolter bei den Restaurierungsarbeiten, 2021

Abb. 36 Barocke Kanzel, Zustand 2018

Abb. 37 Schalldeckel der barockeen Kanzel mit fehlenden Schnitzwerk, Zustand 2018

Abb. 38 Vom Holzwurm befallene Figuren der barocken Kanzel, Zustand 2018

Abb. 39 Einzelteile der Kanzel, Zustand vor der Restaurierung

Abb. 40 Evangelist Markus am Kanzelkorb vor der Restaurierung

Abb. 41 Evangelist Markus am Kanzelkorb nach der Restaurierung

Abb. 42 Evangelist Matthäus an der Kanzel, 2012

Abb. 43 Evangelist Matthäus der Kanzel nach Ergänzung der Fehlstellen, 2024

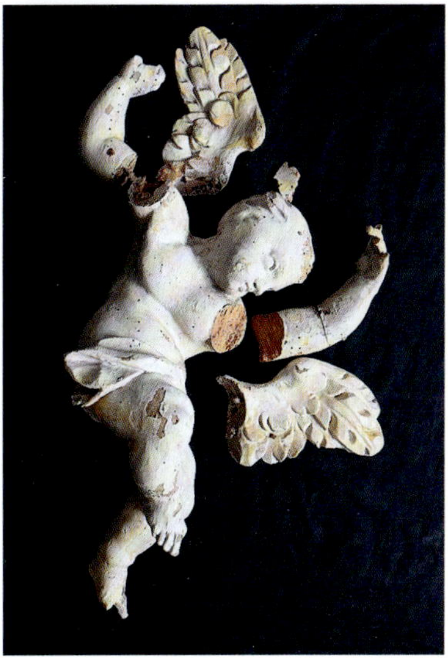

Abb. 44 Engel der Kanzel, vor der Restaurierung, 2023

Abb. 45 Engel der Kanzel während der Restaurierung

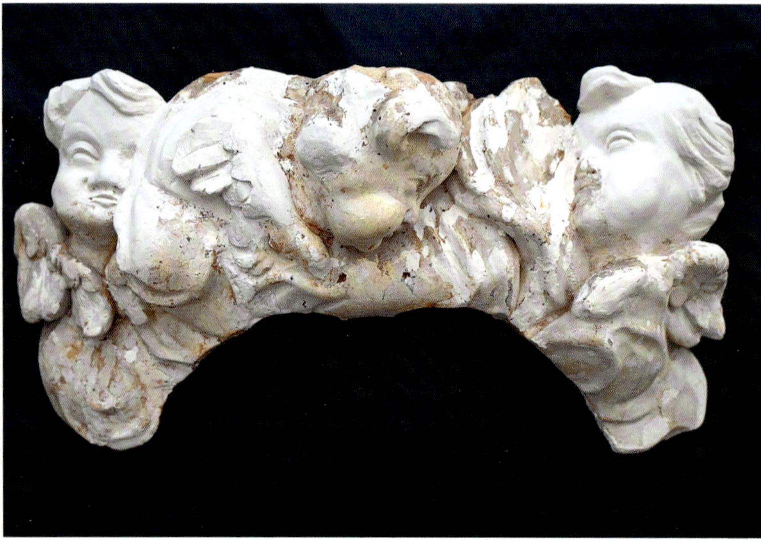

Abb. 46 Schäden am Blendwerk der Kanzel, 2023

Abb. 47 Nachgeschnitzte Klöppel am Schalldeckel der Kanzel, 2024

Abb. 48 Nordseitenkappe Chor, Zwei Apostel nach Freilegung, Marienkirche Stoltenhagen

Abb. 49 Nordseitenkappe Chor, Zwei Apostel nach Freilegung, Marienkirche Stoltenhagen

Abb. 50 Nordseitenkappe Chor, Zwei Apostel nach Freilegung, Marienkirche Stoltenhagen

Abb. 51 Nordseitenkappe Chor, Drei Apostel nach Freilegung, Marienkirche Stoltenhagen

Abb. 52 Nordseitenkappe Chor, Einzeldarstellung, Apostel mit Stadtarchitektur im Hintergrund, Marienkirche Stoltenhagen

Abb. 53 Nordseitenkappe Chor, Ein Buch in der Hand als Atribut für das Amt eines Apostels, Marienkirche Stoltenhagen

Abb. 54 Nordseitenkappe Chor, Sechs Apostel nach Freilegung, Marienkirche Stoltenhagen

Abb. 55 Nordseitenkappe Chor, Gesamtdarstellung Sechs Apostel, Marienkirche Stoltenhagen

Abb. 56 Ostseitenkappe Chordecke, Christus als Weltenherrscher nach der Reinigung, Marienkirche Stoltenhagen

Abb. 57 Ostseitenkappe Chordecke, Christus als Weltenherrscher nach den Restaurierungsarbeiten-Marienkirche Stoltenhagen

Abb. 58 Ostseitenkappe Chordecke, Johannes der Täufer, Marienkirche Stoltenhagen

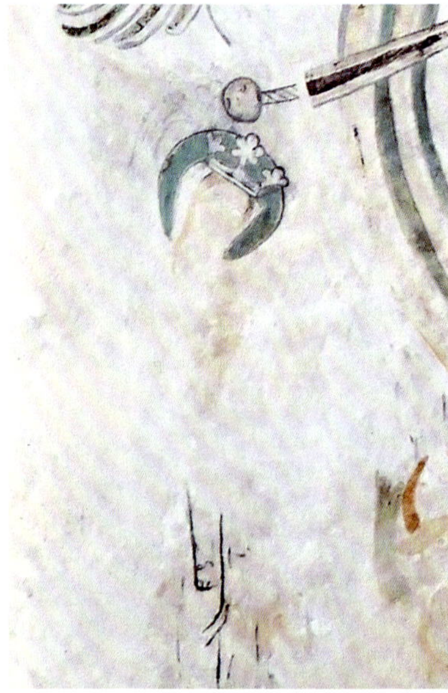

Abb. 59 Ostseitenkappe Chordecke, Maria, Marienkirche Stoltenhagen

Abb. 60 Ostseitenkappe Chordecke, Darstellung eines Adlers als Sinnbild für den Evangelisten Johannes

Abb. 61 Ostseitenkappe Chordecke, Darstellung eines Engels als Sinnbild für den Evangelisten Matthäus

Abb. 62 Ostseitenkappe Chordecke, Darstellung eines Löwen als Sinnbild für den Evangelisten Markus

Abb. 63 Ostseitenkappe Chordecke, Christus als Weltenherrscher mit Johannes dem Täufer,

Maria und den vier Evangelisten, Marienkirche Stoltenhagen

Abb. 64 Ostseitenkappe Chordecke, Darstellung eines Stiers als Sinnbild für den Evangelisten Lukas

Abb. 65 Ostseitenkappe Chordecke, Gesicht und Hände des Weltenherrschers Jesus Christus

Abb. 66 Südseitenkappe Chor, Apostelfigur nach der Reinigung, Marienkirche Stoltenhagen

Abb. 67 Südseitenkappe Chor, zwei Apostelfiguren nach der Reinigung, Marienkirche Stoltenhagen

Abb. 68 Südseitenkappe Chor, Wandschäden während der Restaurierungsarbeiten, Marienkirche Stoltenhagen

Abb. 69 Südseitenkappe Chor, zwei Apostelfiguren nach den Restaurierungsarbeiten, Marienkirche Stoltenhagen

Abb. 70 Südseitenkappe Chor, sechs Apostelfiguren nach den Restaurierungsarbeiten

Abb. 71 Südseitenkappe Chor, zwei Apostelfiguren nach der Freilegung, Marienkirche Stoltenhagen

Abb. 72 Südwand Chorraum, Drachendarstellung vor der Restaurierung, Zustand 2018

Abb. 73 Südwand Chorraum, Drachendarstellung, nach den Restaurierungsarbeiten

Abb. 74 Südwand Chorraum, Darstellung von zwei Drachen nach den Restaurierungsarbeiten

Abb. 75 Rippe Chordecke, Fragmente von Malereien der ersten Fassung um 1270 vor den Restaurierunsarbeiten

Abb. 76 Rippe Chordecke, Malereien der ersten Fassung um 1270 während der Reinigung

Abb. 77 Rippe Chordecke, Malereien der ersten Fassung um 1270 nach den Restaurierungsarbeiten

Abb. 78 Gesamtdarstellung Freskenmalereien Ostseite, Südseite und Nordseite nach

Freilegung, Marienkirche Stoltenhagen

Abb. 80 Reste der Ausmalung der dritten mittelalterlichen Fassung an der Südseitenwand des Chorraumes

Abb. 79 Darstellung von vier Engeln an der Decke Chorraum, Marienkirche Stoltenhagen

Abb. 81 Marienkirche Stoltenhagen, Ostseite mit Blendenkreuz und Sakristei

Abb. 82 Marienkirche Stoltenhagen, West-Südseite mit Öffnung zum ehemaligen Turm

ANMERKUNGEN

1 Siehe Ernst von Hasselberg, »Die Baudenkmäler des Regierungsbezirkes Stralsund«, unveränderter Nachdruck der Originalausgabe von 1881, 1. Auflage 2024, Seite 246.

2 Siehe Beschluss des Gemeindekirchenrates Stoltenhagen vom 6. April 1997, Protokollbuch von 1975–1997, Pfarrarchiv Grimmen.

3 Siehe Ernst von Hasselberg, Kirchen des Regierungsbezirkes Stralsund, Ausgabe 2024, Seite 246.

4 Siehe Aufsatz von Torsten Rütz, »Neue Beobachtungen und Daten zur Baugeschichte der Kirche in Stoltenhagen«, Seiten 295–308, erschienen in der Publikation »Kirchliches Leben zwischen Trebel und Strelasund«, herausgegeben von Haik Thomas Porada und Wolfgang Schmidt.

5 Norbert Buske weist in seinem Beitrag »Das zu Grimmen gehörende Kirchspiel Stoltenhagen«, erschienen in der Publikation »Die Marienkirche und ihre Gemeinde«, auf Seite 50 darauf hin, dass der Glockenstuhl bereits 1667 und nicht erst 1767 errichtet worden ist, was auch Sinn ergäbe, da die Glocken bereits in den Jahren 1702 und 1728 gegossenen worden sind.

6 Siehe Ernst von Haselberg, Kirchen des Regierungsbezirkes Stralsund, Ausgabe 2024, Seite 247.

7 Siehe Torsten Rütz, »Neue Beobachtungen und Daten zur Baugeschichte der Marienkirche Stoltenhagen«, erschienen in »Kirchliches Leben zwischen Trebel und Strelasund«, Seite 302.

8 Siehe Untersuchungsbericht der Marienkirche Stoltenhagen, erstellt 2014 von Annett Ullrich und Volker König im Pfarrarchiv Grimmen.

9 Gustav Gyllenstorm lebte von 1802–1852. Die Tafel ließ seine Ehefrau Mathilde 1885 dort anbringen. Die Inschrift lautet: »Dem letzten Patrone der Stoltenhäger Kirche, Pfarre und Schule, Herrn Baron Carl, Emerant Gustav von Güllenstorm, geboren in Hohenwarth am 15. April 1802, ebendaselbst verstorben am 15. August 1852, und beigesetzt in diesem patronatlichen Erbbegräbnisse, ließ in dankbarer Erinnerung dieses Denkmal errichten, seine nachgelassene Witwe, Matthilde Baronin von Güllenstorm, geborene von Schehls, im Jahre 1885. Der selig Entschlafene ruhe im Frieden Gottes.«

10 Die Inschrift lautet: »Hier drunter liegt begraben der Herr Major und Ritter Baron Gustav Gabriel Appelmann. Geboren in Stockholm den 7. Mai

1697. Gestorben zu Hohenwarth den 5. Januar 1768 nebst dessen Frau Sophia Maria von Schavenbach. Diesen Stein haben seine Schwestertochter Andretta Mentzer und deren Mann Carl Gyllenstorm 1787 setzen lassen«.

11 Die Inschrift lautet: »Erbbegräbnis derer FreiHerrlichen Appelmanschen Familie. G:G:A:S:M:v.S. Diesen Grabstein haben geleget. Und liegen hier begraben Gustav Gabriel Baron Appelmann gewesener Mayor bey der Cavallerie in Romisch Kayserlichen und Königlichen Schwedischen Diensten wie auch Ritter des Königlichen Schwedischen Schwerdt Ordens Erbgesessen auf Hohenwarth cun Pertinentus und Patrons der Kirchen zu Stoltenhagen. Gebohren in Stockholm d. 7.ten May 1697, gestorben d. 5. Januar 1768 nebst dessen liebe Ehefrau Sophia Maria Baronin Appelmann gebohrene von Schävenbach, gebohren den 3.ten April 1703. Gestorben d. 31. März 1777. Und erwarten durch den Heilant und Seligmaccher Jesum Christum ein fröhliche Auferstehung. Amen«.

12 Elias Kessler, geboren 1685, war ein Stralsunder Bildhauer, mit dessen Werken eine Vielzahl von Dorfkirchen in Vorpommern ausgestattet wurden.

13 Die Inschrift befindet sich im Inneren des Kanzelkorbes.

14 Die aktuelle Disposition der Orgel ist: Prinzipal 8', Salicional 8', Octava 4', Rohrflöte 8', Flauto dolce 4', Quinte 2⅔' (beschriftet als Rauschquinte), Octava 2', Subbass 16 und Violine 8. Eine Calcantenglocke dient als Anlasser.

15 Siehe Uwe Pape, Die Buchholz-Orgel in der Stadtkirche zu Kronstadt, 1997.

16 Siehe Aufsatz von Ina Altripp, »Zur Geschichte der Orgeln in Grimmen und Stoltenhagen«, erschienen in »Die Marienkirche und ihre Gemeinde«, Seiten 87–102.

17 Eine detailliertere Übersicht der in Stoltenhagen tätigen Geistlichen ist zu finden in Sven Thurow und Haik Porada, »Die Marienkirche Grimmen und ihre Gemeinde«, Übersichten zu den Geistlichen der Kirchspiele Grimmen und Stoltenhagen, Seiten 363–386.

18 Ein Pleban war ein Priester, der im Auftrag des eigentlichen Pfarrstellenbesitzers die pfarramtlichen Aufgaben ausübte.

19 Ein Substitut ist ein Amtsgehilfe eines evangelischen Pfarrers.

20 Johann Holtzthiem hat 1822 ein umfangreiches Inventarverzeichnis für alle Kirchen und Kapellen der einstigen Grimmer Synode erstellt, die uns einen Einblick in die teils reiche Ausstattung der sakralen Gebäude gewährt. Dieses befindet sich im Grimmer Pfarrarchiv.

Volker König und Annett Ullrich

Die Dorfkirche von Stoltenhagen

Erkenntnisse zum historischen Fassungsbestand im Innenraum

Vorbemerkung

Bereits Ende 2014 erfolgte im Innenraum der Kirche von Stoltenhagen eine umfangreiche Untersuchung des vorhandenen Fassungsbestandes. Zielsetzung dieser Maßnahme war primär, möglichst konkrete Erkenntnisse über die vorhandenen Gestaltungsphasen sowie einen Überblick über den allgemeinen Zustand des Fassungsbestandes und die vorliegenden Schadensphänomene zu erhalten. Dabei zeichnete sich schon während der Untersuchungen ab, dass im Innenraum der Kirche ein kulturhistorisch äußerst wertvoller Fassungsbestand erhalten ist.

Aufgrund der bei der Untersuchung gewonnenen Erkenntnisse konnten erste notwendige

Schritte für eine zukünftige Restaurierung der erhaltenen Fassungen im Innenraum genannt werden.

Seit Juni 2018 erfolgte mit dem Anlegen einer Musterfläche im nördlichen Bereich der Kuppel des Chorraumes ein erster konkreter Schritt für die Erarbeitung eines Restaurierungskonzeptes. Zielsetzung war es, Methoden für die Konservierung des vorhandenen Fassungsbestandes zu entwickeln sowie Vorschläge für eine eventuell zukünftige Präsentation der jüngeren bzw. der dritten mittelalterlichen Gestaltung im Chor zu erarbeiten.

Der vorliegende Bericht gibt zunächst Auskunft über:

- die bisher lokalisierten Fassungen bzw. Gestaltungsphasen im Innenraum der Kirche,
- die ermittelten Schadensphänomene am historischen Bestand,
- die Schadensursachen,
- die denkmalpflegerischen Zielsetzungen und Anforderungen an eine zukünftige Konservierung und Restaurierung des Fassungsbestandes im Innenraum der Kirche.

Weiter wird auf die Ausführung erster konkreter Arbeiten vor Ort zur Entwicklung eines Konservierungs- und Restaurierungskonzeptes eingegangen. Dies beinhaltet die aktuelle Erstellung einer groß angelegten Musterfläche im nördlichen Gewölbebereich des Chorraumes.

Der Bericht soll nicht nur einen Überblick über die bisher gewonnenen Erkenntnisse zum Fassungsbestand und die aktuell ausgeführten Restaurierungsmaßnamen geben, sondern soll auch einen Einblick in die heutigen Aufgabenstellungen und Anforderungen an die Restaurierung aus Sicht des Restaurators vermitteln.

Zur Einführung wird zunächst ein kurzer allgemeiner Überblick über die Kirche von Stoltenhagen gegeben.

Aussagen zum erhaltenen polychromen Fassungsbestand im Innenraum

Während der Untersuchung 2014[1] zeichnete sich bereits ab, dass noch heute im Innenraum der Kirche ein äußerst wertvoller polychromer Fassungsbestand erhalten ist. Aufgrund der aktuell gewonnenen Erkenntnisse durch die Erstellung der Musterfläche im Chor können derzeit folgende Aussagen zu den einzelnen Gestaltungsphasen getätigt werden:

Erste Fassung

Gewölbeflächen: Die erste Gestaltung der Gewölbeflächen stammt vermutlich aus der Zeit der Errichtung des Chores und des Triumphbogens in den 1260er/70er Jahren. Auf einem gut geglätteten Kalkputz finden sich – sowohl als Begleitung der Rippen als auch zur Abgrenzung zu den Schildbögen – in den noch feuchten Putz geritzte Krabbenornamente, deren Konturen in einem Ziegelrot nachgezogen bzw. in diesem Ton vollständig ausgelegt wurden. Nach bisherigen Kenntnissen erfolgte wahrscheinlich ein Wechsel zwischen ausgelegten und lediglich

Abb. 83 Nordansicht der Kirche von Stoltenhagen

konturierten Krabben. Die einzelnen Ornamente wurden durch einen ebenfalls ziegelroten Strich miteinander verbunden und bilden somit die Rahmung der Kappen, die lediglich in der Mitte des zur Wand anschließenden Randes durch eine ca. einen halben Quadratmeter große, ebenfalls in den frischen Putz geritzte, eisenoxidrote Darstellung unterbrochen wird.

Rippen: Die untersuchten Bereiche zeigen eine unterschiedliche Gestaltung der Rippen:

- weiße Flächen mit schwarzen und roten Punkten,
- rote und schwarze Flächen,
- rote Wellenlinien auf weißem Grund.

Vermutlich waren die Rippen in unterschiedlich gestaltete Felder gegliedert oder es existierte ein gestalterischer Wechsel zwischen den einzelnen Rippen.

Die runden Rippen schließen im unteren Bereich mit einem aus Kalkmörtel plastisch ausgeformten Kopf ab, der ursprünglich ebenfalls polychrom gefasst war.

Abb. 84 Der Westgiebel in seiner heutigen Form stammt aus dem 19. Jahrhundert.

Wandflächen: Die Wandflächen wurden vorwiegend aufgrund backsteinsichtiger und verputzter Flächen gestalterisch strukturiert. Sowohl die Fensterlaibungen als auch die 30 cm breite Rahmung des Fensters an der Ostwand wurden backsteinsichtig belassen. Die Schildbögen waren ebenfalls backsteinsichtig bzw. gerötelt mit weißem Fugenstrich. Alle übrigen Flächen wurden mit einem Kalkmörtel verputzt.

Abb. 85 Blick auf den Chorgiebel

Zweite Fassung

Chor

Gewölbeflächen: Die ursprüngliche Gestaltung der Gewölbeflächen im Chor wurde im Zuge der Errichtung des Langhauses überarbeitet. Aufgrund des Fehlens einer Patina bzw. von Verschmutzungen auf der ersten Fassung kann davon ausgegangen werden, dass der Bau des Langhauses und seine farbliche Ausgestaltung sowie die Überarbeitung der ursprünglichen Fassung im Chor relativ zeitnah zur Errichtung des Chores entstanden sein müssen.

Die bis dahin putzsichtigen Gewölbeflächen des Chorraumes wurden mit einer Kalktünche weiß gestrichen. Die Krabbenornamente sparte man dabei aus und zog sie anschließend mit einem Ziegelrot nach. Der schon in der ersten Fassung ausgeführte Wechsel zwischen ziegelrot ausgelegten und konturierten Krabben blieb weiterhin bestehen. Ebenso wurde der rote, die Krabben verbindende Strich wiederholt. Zusätzlich dazu zog man darunter einen begleitenden grauen Strich, der farblich zum grau erscheinenden, putzsichtig belassenen Fond der konturierten Krabben passt. Die Darstellung in der Mitte des zur Wand anschließenden Randes wurde ebenfalls überarbeitet. Die Ausführung erfolgte erneut in Eisenoxidrot.

Im Zenit der Kappe befand sich eine weitere Darstellung, die in verschiedenen Ziegelrottönen ausgeführt wurde. Um diese herum hatte man ziegelrote Sterne gemalt. Ein grauer Strich in gleichem Farbton wie der Begleiter der Krabben schließt diese Gestaltung nach unten hin ab.

Rippen: Die Gestaltung der Rippen während der ersten Fassung wurde vermutlich beibehalten. In den untersuchten Bereichen war keine Überfassung bzw. Überarbeitung dieser Gestaltung nachweisbar.

Triumphbogen: Die mit einem Kalkmörtel verputzte Laibung des Triumphbogens war – wie die Gewölbeflächen – mit einer weißen Kalktünche gefasst worden. Die Konturen eines in den Putz geritzten Weihekreuzes hatte man in einem rötlichen Braun gezogen. Es ist anzunehmen, dass an der gegenüberliegenden Laibungsfläche ebenfalls ein Weihekreuz vorhanden war, das allerdings im Zuge des Kanzeleinbaus zerstört wurde, als man eigens dafür große Bereiche der Triumphbogenlaibung abgetragen hatte.

Des Weiteren konnten im Bereich der Laibungsfläche ockerfarbene Farbreste nachgewiesen werden, die auf eine umfangreiche Gestaltung der Bogenflächen hindeuten, deren Prinzip aber aufgrund der nur wenigen erhaltenen Reste im untersuchten Bereich nicht mehr gedeutet werden kann. Der gleiche Ockerton konnte auch am Rundprofil des Kämpfers oberhalb des Pfeilers nachgewiesen werden.

Langhaus

Gewölbe: Das kuppelförmige Gewölbe des Langhauses war ebenfalls mit einem Kalkmörtel verputzt. Entlang der backsteinsichtigen Schildbögen zog sich ein ziegelroter Begleitstrich mit einem Begleitornament und im Zenit der Kappen ein ziegelroter Kreisbogen. Es kann nicht ausgeschlossen werden, dass sich in den Flächen der Kappen ebenfalls Malereien befinden.

Bänder: Statt runder Rippen finden sich im Langhaus kreuzförmig angeordnete flache Bänder, die ebenfalls eine polychrome Gestaltung aufweisen. In den untersuchten Bereichen konnte sie nur noch auf den Sichtflächen nachgewiesen werden, im Bereich der Ränder fehlte sie. Durch in den Putz geritzte, schwarze und ziegelrote Dreiecke entstehen in der Mitte weiße Rauten, die mit schwarzen und roten Punkten gestaltet sind. Die nach unten spitz zulaufenden Bänder waren grau gefasst und mit schwarzer Rahmung zur Kuppelfläche hin abgegrenzt.

Wandflächen: Die Wandflächen erhielten ihre Struktur analog denen des Chorraumes ebenfalls durch backsteinsichtig belassene bzw. gerötelte, mit Fugenstrich versehene Bereiche und mit einem Kalkmörtel verputzte Flächen. Dabei waren wiederum die Schildbögen backsteinsichtig. Die Laibung des Schildbogens der Triumphbogenwand war verputzt und der Backstein an den Kanten imitiert.

Auf den mit einem Kalkmörtel verputzten Wandflächen sind (wie auf der Laibungsfläche des Triumphbogens) in den Putz geritzte Weihekreuze vorhanden, deren Konturen hier in einem Ziegelrot gezogen wurden. Eines dieser Weihekreuze findet sich an der Nordwand des Langhauses rechts neben dem Fenster und eines an der Triumphbogenwand. Oberhalb dieses Kreuzes ist noch ein ziegelroter Balken ohne Ritzung sowie eine stark ausgedünnte, nicht mehr deutbare Malerei erkennbar. Unterhalb des Weihekreuzes zieht sich eine in den Putz geritzte, in ziegelroten Strichen gestaltete Quaderung bis zum Boden herab. Die Maße der Quader betragen 20 cm × 20 cm.

Abb. 86 Im Zenit der nördlichen Gewölbekappe wurden als Gestaltungselemente rote Sterne gesetzt. In der oberen linken Bildhälfte zeichnen sich Malereifragmente ab, die zur dritten mittelalterlichen Ausmalung gehören.

Abb. 87 Krabbenornament der ursprünglichen Fassung

Die Öffnung der Triumphbogenwand ist mit einer 30 cm breiten Rahmung versehen, die durch einen ziegelroten Strich begrenz wird. Die Füllung der Rahmung weist einen Wechsel aus unterschiedlichen Gestaltungen auf. Im untersuchten Bereich konnten sowohl gepunktete Flächen als auch rote Ornamente nachgewiesen werden.

Im oberen Wandbereich der Südwand zeichnen sich ebenfalls in Ziegelrot ausgeführte Malereien ab. Es ist davon auszugehen, dass nicht nur die Triumphbogenwand, sondern auch die anderen Wandflächen aufwendig gestaltet waren.

Die zweite Fassung wurde im Bereich des Triumphbogens sowie der Wände des Langhauses vermutlich schon nach kurzer Zeit noch einmal überarbeitet bzw. ergänzt. Die meisten der Ge-

Abb. 89 Weihekreuz im westlichen Bereich des Triumphbogens

Abb. 88 Der Freilegungsschnitt zeigt einen Teilbereich der Bändergestaltung im Langhausbereich.

staltungselemente sind belassen und in die neue Gestaltung mit eingebunden worden.

Das in der Triumphbogenlaibung befindliche Weihekreuz wurde mit einem dunklen Braun überarbeitet. Das an der westlichen Triumphbogenwand befindliche Weihekreuz hat man dagegen unverändert übernommen. Rechts neben diesem Kreuz ist ein schwarzes Gestaltungselement erkennbar, dessen Umriss in den trockenen Putz eingeritzt wurde, worauf deutlich die ausgebrochenen Ränder der Ritzung hindeuten. Auch innerhalb der Quaderung ist eine schwarze Malerei vorhanden.

Weiterhin finden sich neben und auf dem in Ziegelrot gemalten Balken eisenoxidrote Farbspritzer, die vermutlich von der Überfassung der ziegelsteinsichtigen Schildbögen stammen.

Chor

Gewölbe: Die Zeitspanne zwischen der zweiten und dritten Fassung ist vermutlich ebenfalls als sehr gering einzustufen, da die weiße Kalktünche der zweiten Fassung als Fondton für die dritten Fassung genutzt wurde. Lediglich die beiden großflächigen Darstellungen sowie die Krabbenornamente wurden mit einer grob aufgetragenen Kalkschlämme abgedeckt. Die darunter befindliche Oberfläche der zweiten Fassung weist ebenfalls keine erkennbare Patina bzw. Verschmutzungen auf. Die Entstehungszeit der dritten Fassung könnte man um 1300, datieren.

In der nördlichen und in der südlichen Kappe des Chorraumes sind in einer Stadtarchitektur jeweils sechs der zwölf Apostel dargestellt. Sie sitzen vor in Blau- und Grüntönen gestalteten Nischen und einer Balustrade, die graphisch und vorwiegend in schwarz gestaltet ist. Einige der zwischen den Aposteln befindlichen Baluster sind in Grün, andere in schwarz mit weißer Füllung ausgeführt. Unterhalb der Sitzflächen zwischen den einzelnen Figuren sind schwarze Pflanzen erkennbar.

Den unteren Abschluss der Aposteldarstellung bildet ein kunstvoller, mit ornamentierten Kacheln gestalteter Fußboden in grün und schwarz.

Alle sechs Apostel halten ein ockerfarbenes Buch als Symbol ihres Apostelamtes in der Hand sowie ein ihnen zugehöriges Attribut. Die Haare der als junge Männer dargestellten Apostel sind in ocker gestaltet, die der älteren Apostel weiß belassen. Die Nimben sind ebenfalls weiß vor den blauen bzw. grünen Nischen.

Die Gewänder der Figuren sind in verschiedenen Grau-, Schwarz-, Ocker-, Blau- und Grüntönen gestaltet, die (vor allem was das grüne Pigment betrifft) zum Teil stark verschwärzt sind.

Oberhalb der Apostel befindet sich über die Nischenöffnung hinweg jeweils ein weißes Band, in dem ursprünglich der Name

Abb. 91 Nach der Freilegung der jüngsten mittelalterlichen Gestaltung im oberen Gewölbebereich wurde hier eine Engelsdarstellung sichtbar. Weiter zeichnen sich auch freiliegende Gestaltungselemente der ersten sowie der zweiten mittelalterlichen Fassung ab.

Abb. 90 Freigelegte Apostelfigur nach Abschluss der Konservierung und Retusche

des darunter befindlichen Apostels geschrieben stand. In einigen dieser Bänder sind heute noch einige wenige schwarze Buchstaben erkennbar. Die obere Begrenzung der Nischen bildet ein ockerfarbener Bogen. Die Identifikation der einzelnen Apostel ist aufgrund des schlechten Erhaltungszustandes der Schriftzüge sowie der teilweise zerstörten Bereiche innerhalb der Gewänder nur schwer durchzuführen.

Zwischen den Nischen und Aposteln steht hinter der Balustrade jeweils ein Turm mit Spitzdach und jeweils drei bogenförmigen Fensteröffnungen.

Über dieser Stadtdarstellung im Zenit der Kappe befindet sich in der himmlischen Sphäre die Darstellung eines Engels mit weißem und grünen Gewand.

Innerhalb der östlichen Kappe befindliche Abplatzungen auf die dritte Fassung lassen erahnen, dass auch diese eine wertvolle Bemalung (aller Wahrscheinlichkeit nach ebenfalls in Form figürlicher Darstellungen) aufweisen wird.

Abb. 92 Drachendarstellung an der Südwand

Rippen: Die Rippen waren passend zur Ausmalung der Gewölbekappen ebenfalls sehr aufwendig gestaltet. Auf einer weißen Kalktünche sind in Schwarz und Grün volutenförmige florale Rankenornamente im Wechsel mit einer rein schwarzen Ornamentik vorhanden.

Wandflächen: An der Südwand des Chorraumes ist eine große, in Ocker ausgeführte Drachendarstellung auf einer weißen Kalktünche vorhanden, die sich links neben dem Fenster aufsteigend bis fast zur Spitze der Fensteröffnung erstreckt.

Vierte polychrome Fassung

Die vierte polychrome Ausgestaltung des Kircheninnenraumes erfolgte vermutlich mit dem Einbau der Kanzel in der ersten Hälfte des 18. Jahrhunderts. Inwieweit und ob die Malereien aus der dritten Fassung in diese Gestaltung eventuell miteinbezogen wurden, konnte nicht festgestellt werden. Wahrscheinlich war der gesamte Kircheninnenraum weiß getüncht. Lediglich im Bereich der neu eingebauten Kanzel sowie im Langhaus an der sich anschließenden Triumphbogenwand ist eine barocke Vorhangmalerei, die Kanzel umspielend, vorhanden. Eine in Ocker, Eisenoxidrot und Grau ausgeführte Draperie mit Borde und Kordeln, zieht sich, die Architektur negierend, von der Triumphbogenlaibung über die Triumphbogenwand bis auf den Schildbogen hinaus.

Aussagen zum Erhaltungszustand / Schadensphänomene

Der vorhandene Fassungs- und Putzbestand an den Wand- und Gewölbeflächen im Innenraum weist heute unterschiedliche z. T. gravierende Schäden auf. Schon auf den ersten Blick ist im Sockel-, aber auch teilweise in den höheren Wandbereichen ein mikrobieller Befall erkennbar (Algen etc.). Am kuppelförmigen Gewölbe des Kirchenschiffes zeichnen sich deutlich Risse ab. Besonders gravierend sind die sichtbaren Schäden am Fassungs- und Putzbestand im nördlichen Bereich des Chores. Hier zeichnen sich im oberen Wandbereich und an der kuppelförmigen Einwölbung großflächige Verluste des jüngeren Fassungsbestandes ab. Die älteren, noch erhaltenen polychrom gestalteten Fassungsbereiche weisen erhebliche Schäden auf. Diese reichen u.a. von ausgedünnten Malschichtoberflächen, Ausbrüchen auf unterschiedliche Fassungsebenen bis hin zu einem vollständigen Fassungsverlust.

Aufgrund der bisher gewonnenen Erkenntnisse können im Detail folgende unterschiedliche Schadensphänomene am erhaltenen Fassungsbestand sowie am ursprünglichen Verputz und den bisher nachgewiesenen jüngeren Reparaturputzen dokumentiert werden.

Fassungen

Auf der rezenten (jüngsten) Fassung bzw. den heute z.T. freiliegenden älteren Malschichten zeichnen sich bereichsweise starke Verfärbungen durch aufliegende Verschmutzungen und Krusten ab.

Besonders in den unteren Wandbereichen liegt zudem ein hoher mikrobieller Befall vor:

- grüner Allgenbefall (Sockelbereich bis ca. 2,00 m Höhe),
- vermutlich »rosa Bakterien« (Ostwand, nördlicher Sockelbereich),
- schwarzer, punktförmiger Pilzbefall (partiell bis in einer Höhe von 3,00 m nachweisbar).

Generell weisen alle vorhandenen Fassungen folgende Schadensphänomene auf:

- totaler Fassungsverlust,
- Abplatzungen auf unterschiedliche Malschichtebenen,
- ausgedünnte Fassungsbereiche,
- strukturell geschwächte, pudernde Oberflächenbereiche (Bindemittelverlust),
- mangelnde Haftung bzw. lose, aufeinanderliegende Malschichten,
- schollenförmig aufstehende Abbruchkanten,
- Risse,
- Salzausblühungen,
- Salzkrusten,
- Verschmutzungen,
- Pigmentverschwärzungen im Bereich der jüngeren mittelalterlichen polychromen Gestaltung im Chor.

Hervorzuheben ist besonders die bisher lokalisierte, z. T. sehr hohe Anreicherung bauschädlicher Salze im Oberflächenbereich des Chorraums. Hier können nicht nur auf der rezenten Fassung sondern auch zwischen den einzelnen Malschichten immer wieder Salzausblühungen in unterschiedlicher Form dokumentiert werden. Die Analyseergebnisse von zunächst vier genommenen Proben zur Bestimmung der vorliegenden Konzentrationen bauschädlicher Salzanionen gaben hier einen ersten gesicherten Aufschluss über Art und Umfang der Salzbelastung. Entnommen wurden jeweils zwei unterschiedliche Tiefensegmente aus dem südlichen Wand- sowie dem unteren nordöstlichen Zwickelbereich. Im Oberflächenbereich der Südwand (0,00–1,50 cm Tiefe) konnten dabei im Probematerial extrem hohe Chlorid-, Nitrat- und Sulfatwerte nachgewiesen werden. Im nordöstlichen Zwickelbereich sind die Nitrat- und Chloridkonzentrationen im Oberflächenbereich gering. Dagegen konnte hier ein sehr hoher Sulfatgehalt analysiert werden. In den beprobten tieferen Bereichen (1,5–4,0 bis 5,0 cm) liegen alle Werte unterhalb der Relevanzgrenze.

Ursprünglicher Fassungsträger / spätere Reparaturputze

Neben dem ursprünglichen Verputz konnten bisher drei jüngere Reparaturputze dokumentiert werden. Dabei handelt es sich um:

- einen Kalkputz, mit dem u.a. die Reparatur von Rissen am kuppelförmigen Gewölbe im Chor erfolgte,
- einen hydraulischen Kalkputz, mit dem fast der gesamte Sockel sowie große Fensterbereiche ausgebessert wurden,
- einen schwach gebundenen Kalkputz, mit dem im Kirchenschiff neu verlegte Kabel für die Beleuchtung abgedeckt wurden.

Der heute noch großflächig erhaltene ursprüngliche Verputz weist in den bisher begutachteten Bereichen einen relativ guten Zustand auf. Nur partiell sind Risse, Ausbrüche sowie strukturell geschwächte und/oder marode sowie vom Mauerwerk gelöste Putzbereiche nachweisbar.

Ebenfalls ist der verwendete Kalkputz für die Reparatur der Risse im Chor generell gut erhalten. Bisher konnten nur kleinere Schäden dokumentiert werden.

Der zur Reparatur verwendete hydraulische Kalkputz weist insgesamt eine extreme Härte sowie eine sehr geringe Diffusionsfähigkeit auf. Im Bereich der Sockelzone haben sich an der Oberfläche bereits z. T. neben Algen unterschiedlich stark ausgeprägte Krusten gebildet. Große Bereiche des Verputzes besitzen hier bereits keine Bindung mehr zum Mauerwerk. Im unteren Bereich der Sockelzone zeichnen sich zudem immer wieder größere Ausbrüche ab.

Weiter wurde im Kirchenschiff für die Abdeckung der verlegten Kabel ein magerer Kalkmörtel verwendet, der heute keine ausreichende Bindung mehr aufweist.

Schadensursachen, Schadensprozesse

Die einzelnen, vorab dargestellten Schadensphänomene geben Auskunft über die aktuelle Situation vor Ort. Die Schadensursachen hierfür sind vielfältig. Neben normalen Verwitterungs- bzw. Alterungsprozessen, mit substanzschädigendem Material und/oder nicht fachgerecht ausgeführten Reparaturen, etc., ist hier besonders die Aktivität überdimensional angereicherter Salzkonzentrationen zu nennen.

Salze

Der Transport und somit die gravierende Anreicherung und Verteilung der Salze im Mauerwerk, bzw. Putz- und Wandmalereigefüge ist immer mit der Infiltration von Feuchtigkeit verbunden. Wasser bzw. Feuchtigkeit kann aus dem Grundwasser, durch bauliche Mängel und/oder Schäden (eindringender Nie-

Abb. 93
Besonders im südlichen Bereich des Chorraumes zeichnen sich erhebliche Schäden ab.

derschlag bei Dachschäden, offenen oder zerstörten Fenstern, schadhaften Dachrinnen bzw. durch eine mangelnde Regenwasserabführung) sowie durch Thermische Kondensation[2] infiltriert werden. Diese tritt auf, wenn das Mauerwerk im Außenbereich soweit abgekühlt wird, dass im Gefüge die Taupunkttemperatur erreicht oder unterschritten wird.

Bei Abnahme der Feuchtigkeit im Wandgefüge nimmt die Konzentration der in Lösung liegenden salzbildenden Ionen an der Verdunstungsebene kontinuierlich zu. Werden die jeweils spezifischen Gleichgewichtsfeuchten der einzelnen Salze oder Salzgemische unterschritten, kristallisieren diese in unterschiedlichen Ausblühungsformen oder als Krusten aus. Die Ausfällung der Salze erfolgt an der Verdunstungsebene, d.h. bei einem intakten porösen bzw. einem offenen diffusionsfähigen System an der Oberfläche. Liegt eine erhöhte Salzbelastung vor und der Porenraum der Oberfläche wird durch auskristallisierte Salze verschlossen, verlagert sich die Verdunstungsebene in tiefere Bereiche. Die hier bei weiteren Ausfällungen der Salze entstehenden Kristallisationsdrücke sprengen langfristig das Gefüge von Mauerwerk, Putz und Wandmalereien.[3]

Sowohl im Außen- als auch im Innenbereich der Kirche sind die z.T. gravierenden Schäden durch eine permanente Aktivität bauschädlicher Salze in unterschiedlichen Stadien deutlich sichtbar.

Frostsprengung

Mit einer übermäßig eindringenden Feuchtigkeit erfolgt nicht nur eine Anreicherung bauschädlicher Salze im Mauerwerk, sondern führt bei Frost zu einer weiteren Zerstörung der originalen Substanz durch den Ausdehnungsdruck beim Gefrieren der Feuchtigkeit.

Mikroorganismen

Wasser ist die Basis für jegliche mikrobielle Aktivität. Im Innenraum der Kirche zeichnet sich besonders in den unteren Wandbereichen eine z.T. hohe Besiedlungsdichte ab. Das substanzschädigende Potenzial von Mikroorganismen ist enorm und geht weit über eine ästhetische Beeinträchtigung der Oberfläche (u.a. durch unterschiedlich pigmentierte Algen u. Pilze, sowie rosa Bakterien) hinaus. Die Bildung quellfähiger Schleime (Biofilme) zerstört bei wechselnden Klimabedingungen durch Quell- und Schrumpfbewegungen langfristig die strukturelle Festigkeit der Malschichten und hebt die Bindung dieser untereinander auf.[4] Das Gefüge der Wandmalereien wird gelockert, das Mikroklima hinter den Filmen beeinflusst und neue Verdunstungsebenen für Salzkristallisationen geschaffen.

Um ihre Aktivität aufrechtzuerhalten, verwenden chemoorganotrophe Organismen organische Substrate. Ei-, kasein- oder leimgebundene Wandmalereien bieten hier einen idealen Nährboden. Auch eingebrachte organische Fixierungs- und Konsolidierungsmittel werden verwertet. Die Folge ist eine Schwächung der Bindung und strukturellen Festigkeit der Fassungen.[5]

Andere Schadensprozesse können durch die Ausbildung und Ausscheidung von Säuren durch Mikroorganismen (u.a. Zersetzung von Calciumcarbonat) oder durch Oxidations- und Reduktionsreaktionen (z.B. Bleiweißverschwärzungen, Verfärbung von Kupferpigmenten etc.) ausgelöst werden.[6]

Risse

Die Ursache der sich heute abzeichnenden Risse, vor allem in den kuppelförmigen Einwölbungen, ist primär auf statische Bewegungen zurückzuführen. Die bisher im Chor begutachteten älteren Rissreparaturen weisen generell einen stabilen Zustand auf – ein Hinweis darauf, dass die statischen Bewegungen überwiegend zur Ruhe gekommen sind. Sichere Aussagen hierzu können allerdings nur von einem Statiker gegeben werden.

Ein weiterer Faktor für die Bildung von Rissen ist oft der korrosionsbedingte Ausdehnungsdruck von Metallteilen. Das enorme Schadenspotenzial dieser Ausdehnungsdrücke ist auch deutlich im Innenraum der Kirche sichtbar. Hier zeichnen sich u.a. im Bereich der korrodierten Halterungen des Gedenksteines über dem Eingang zur Sakristei erhebliche Schäden am Mauerwerk, amVerputz und den erhaltenen Fassungen ab.

Substanzschädigende Reparaturmaterialien

Dazu zählen u.a. Zementputze sowie Putze mit stark hydraulischen Anteilen. Aufgrund der hydraulischen Anteile kann sich hier bei der Aushärtung der Putze ein erhebliches substanzschädigendes Salzpotenzial bilden. Generell weisen diese Putze zudem eine extreme Härte und eine mangelnde Diffusionsfähigkeit auf, d.h. die natürliche Verdunstungsebene an der Oberfläche ist blockiert. Aufsteigende Feuchtigkeit und somit in Lösung liegende Salze werden immer höher in das Mauerwerk transportiert. Bei Abnahme der Feuchtigkeit wird zunächst die wesentlich »weichere« Substanz der noch hinter den Reparaturen erhaltenen historischen Fassungen, Verputzen sowie Ziegelsteinoberflächen des Mauerwerks durch die Aktivität bauschädlicher Salze zerstört.

Zielsetzungen und Anforderungen an die Konservierung und Restaurierung des Fassungsbestandes im Innenraum

Zielsetzung der Konservierung ist die möglichst weitgehende Wiederherstellung des ursprünglich intakten, porösen und hydrophilen Wandmalereigefüges – ein System, welches in der Lage ist, Wasser aufzunehmen und durch eine schnelle Verdunstung wieder abzugeben. Diese »lebenswichtigen« Faktoren versetzen ein mit Calciumcarbonat gebundenes Wandmalereisystem in die Lage, normalen Alterungserscheinungen bzw. Verwitterungsprozessen langfristig zu trotzen.[7]

Die Basis einer Konservierung bildet daher die Behandlung der vorab dargestellten Schadensphänomene und ihrer Ursachen. Der langfristige Erhalt der Malereien ist nur durch eine regelmäßige Pflege und Wartung zu gewährleisten. Die verschiedenen Anforderungen können im Wesentlichen in diese drei Bereiche unterteilt werden:

Behandlung der Schadensphänomene

- Abnahme von Verschmutzungen, Krusten, Salzausblühungen etc. (mechanisch und/oder chemisch),

- Wiederherstellung der Gefügefestigkeit strukturell geschwächter Malschicht und Trägerbereiche (Putz/Ziegelstein),
- Wiederherstellung der Anbindung vom Untergrund gelöster Malschicht und Trägerbereiche
- Ergänzung verlorener Fassungs-, Putz- und Ziegelsteinbereiche.

Behandlung der Ursachen

- Behebung von Bauschäden,
- Klimaregulierung,
- Maßnahmen zur Salzverminderung,
- Reduzierung des mikrobiellen Befalls,
- Abnahme und fachgerechte Ergänzung substanzschädigender Reparaturmaterialien,
- Nachträgliche Wartung und Pflege.

Aufgabenstellung der Restaurierung ist die Erarbeitung und Umsetzung einer zukünftigen denkmalpflegegerechten Präsentation des vorhandenen Fassungsbestandes. Grundsätzlich beinhaltet dies den Erhalt sämtlicher Malschichten. Die Abnahme von Übertünchungen bzw. Malschichten ist ein Verlust von Geschichte. Ein Eingriff dieser Art in die gewachsene Identität eines Baudenkmals sollte daher nur aus einer konservatorischen Notwendigkeit heraus erfolgen.

Aufgrund der bisher gewonnenen Erkenntnisse geht von der übermäßigen Salzanreicherung in großen Bereichen der rezenten bzw. der oberflächennahen Fassungen eine unmittelbare Gefährdung der älteren polychrom gestalteten Malschichten aus. Ohne Abnahme dieser monochrom gestalteten Überfassungen ist auch eine kontrollierte Konservierung des älteren polychromen Fassungsbestandes nicht machbar.

Dies birgt zumindest im Chor die Möglichkeit einer eventuellen Präsentation der jüngsten mittelalterlichen Gestaltung. Dies kann letztendlich erst im Rahmen einer entsprechenden Musterfläche zur Diskussion gestellt werden.

Ein erster konkreter Schritt zur Konservierung und Restaurierung – die Erstellung einer Musterfläche im nördlichen Gewölbebereich des Chores

Mit der Erstellung einer groß angelegten Musterfläche im nördlichen Gewölbebereich des Chorraumes in diesem Jahr erfolgte ein erster konkreter Schritt zur Restaurierung des Innenraumes.

Neben dem Gewinn neuer Erkenntnisse zu den einzelnen Gestaltungsphasen beinhaltet die Aufgabenstellung die Entwicklung von Methoden zur Konservierung des erhaltenen mittelalterlichen Fassungsbestandes sowie in Absprache mit den zuständigen Entscheidungsträgern die Erarbeitung einer eventuell möglichen Präsentation der dritten mittelalterlichen polychromen Ausmalung an den Gewölbeflächen im Chor.

Die ausgeführten Arbeiten unterteilen sich grundsätzlich in drei Bereiche:

- Freilegung der dritten mittelalterlichen Gestaltung,
- Konservierung des mittelalterlichen Fassungsbestandes,
- Restaurierung – farbliche Integration von Fehlstellen,

Freilegung der dritten mittelalterlichen Gestaltung

Die Freilegung der jüngsten mittelalterlichen Ausmalung gestaltete sich besonders im Zenit des Gewölbes und an den Rippenflächen aufgrund des hier stark geschwächten mittelalterlichen Fassungsbestandes äußerst schwierig. Um eine Gefährdung der

Abb. 94 Vorsichtige Abnahme der Übertünchungen mittels Skalpells

Abb. 95 Nasschemische Reinigung: Zunächst erfolgte der Auftrag einer Hydroxypropylcellulose über Japanpapier.

Abb. 96 Nasschemische Reinigung: Nach Abnahme des Japanpapiers wurden gelöste Schmutzpartikel vorsichtig mit in destilliertem Wasser getränkten Wattestäbchen abgenommen.

polychromen Fassungen während der Abnahme der Übertünchungen auszuschließen, war in vielen Bereichen parallel zur Freilegung eine Vorfestigung des mittelalterlichen Bestandes notwendig.

Ausgeführte Maßnahmen:

Zunächst erfolgte die trockene Abnahme und/oder Reduzierung der aufliegenden Malschichten mit einem Skalpell sowie unterschiedlichen Reinigungspinseln. Teilbereiche der mittelalterlichen Fassungen mussten dabei parallel gesichert werden. Dies geschah, je nach Bedarf, durch die Injektion verschiedener Fixierungs- bzw. Festigungsmittel (siehe: »Konservierung des mittelalterlichen Fassungsbestandes«).

Im Anschluss an die Abnahme der Übertünchungen wurde die Malereioberfläche zur Reduzierung noch aufliegender Schmutzpartikel und/oder Salze nasschemisch gereinigt. Dies beinhaltete folgende Arbeitsschritte:

- z.T. mehrfacher Auftrag einer Hydroxypropylcellulose (Klucel E ca. 3,0%, gelöst in Ethanol) über Japanpapier,
- vorsichtige Abnahme des Japanpapiers,
- gründliche Reinigung der Malereioberfläche mit in destilliertem Wasser getränkten Wattestäbchen und -pads.

Die Hydroxypropylcelullose festigt zum Einen strukturell geschwächte Bereiche der Malerei und transportiert zum Anderen durch das Ethanol gelöste Schmutzpartikel an die Oberfläche. Diese sowie überschüssiges Festigungsmittel können dann gezielt mit in destilliertem Wasser getränkten Wattestäbchen abgenommen werden. Das zuvor angelegte Japanpapier sorgt für einen gleichmäßigen Auftrag und verhindert ein Verwischen und/oder den Abtrag von lose aufliegenden Pigmenten.

Zum Schutz und zur Reduzierung von Mikroorganismen im oberflächennahen Bereich der freigelegten Malerei wurde diese abschließend mit einem bioziden Wirkstoff (Chlotrimazol ca. 1,5 % gelöst in Ethanol) behandelt.

Konservierung des mittelalterlichen Fassungsbestandes

Neben der Fixierung und Konsolidierung des mittelalterlichen Bestandes beinhaltet die Konservierung u. a. die Reparatur von Rissen, von Putz- und Fassungsausbrüchen sowie die schützende Abdeckung freiliegender Fassungsbereiche der ersten und zweiten mittelalterlichen Gestaltung. Nachfolgend sind die einzelnen Maßnahmen dem Arbeitsablauf entsprechend aufgeführt und beschrieben.

Fixierung- und Konsolidierung der Fassungen

Aufgrund der unterschiedlichen Schadensformen gliederten sich die Festigungsmaßnahmen in zwei Bereiche:

- Fixierung aufstehender und loser Fassungsbereiche.
- Aufstehende oder lose Malschichtbereiche wurden je nach Bedarf zunächst durch eine Kaschierung mit Japanpapier gesichert. Danach erfolgte durch die Injektion einer Hydroxypropylcelullose (5 %–7 % gelöst in Ethanol) in die voneinander gelösten Zwischenbereiche die Wiederherstellung der Anbindung der einzelnen Fassungen untereinander. Partiell wurde zusätzlich auch ein dispergiertes Weißkalkhydraht (CalXnova) und/oder ein Kieselsäureester (Remmers KSE 300E) eingesetzt.
- Strukturelle Festigung geschwächter Fassungsbereiche.
- Für die strukturelle Festigung pudernder bzw. bindemittelarmer Bereiche der Malereischichten wurde ebenfalls eine Hydroxypropylcellulose (Klucel E 3 % gelöst in Ethanol) verwendet. Der Auftrag erfolgte mehrfach über Japanpapier mittels Pinsel.

Zum Schutz der organischen Hydroxypropylcellulose vor Mikroorganismen wurde das Lösemittel (Ethanol) mit Clotrimazol ausgestattet (ca. 1,5 %).

Wiederherstellung der Anbindung vom Träger (Ziegelstein) gelöster Putzbereiche

Generell weist der Malschichtträger innerhalb der Musterfläche eine intakte Verbindung zum Gewölbemauerwerk auf. Lediglich in einigen Bereichen war eine Wiederherstellung der Anbindung notwendig. Die Stabilisierung und Wiederanbindung dieser Bereiche erfolgte per Injektion:

- von Ethanol,
- von Kieselsäureester (Remmers KSE 300E),
- von dispergiertem Weißkalkhydrat (CalXnova).

Der Eintrag von Ethanol erhöht u.a. kurzfristig die Fließfähigkeit und somit den Transport des Kieselsäureesters in bindungsgeschwächte Putz- und Ziegelsteinbereiche. Durch die Ausbildung eines kristallinen Gitternetzes des Kieselsäureesters bei der Trocknung wird aufgrund der mechanischen »Verklammerung« eine Stabilisierung dieser Bereiche erzielt. Das dispergierte Weißkalkhydrat füllt den Hohlraum und verklammert sich mechanisch mit der Putz- und Ziegelsteinoberfläche.

Die notwendigen Injektionslöcher zum Eintrag der Konsolidierungsmittel wurden mit einem Bohrer (Durchmesser 1,5 mm) gesetzt und anschließend mit einem Kalkmörtel wieder geschlossen.

Konservierende Abdeckung freiliegender Bereiche der ursprünglichen und zweiten mittelalterlichen Gestaltung

Offen freiliegende Teilbereiche der älteren mittelalterlichen Fassungen wurden nach der Konsolidierung je nach Bedarf durch den mehrfachen Auftrag einer reversiblen äußerst mageren Kalkschlämme abgedeckt (1 T. Kalk : 6 T. Champagnerkreide).

Abb. 97 Zwischenzustand: Große Bereiche der Aposteldarstellung sowie der Gestaltung des Hintergrundes in der rechten Bildhälfte sind bereits retuschiert.

Reparatur von Putz- und Malschichtabplatzungen

Sämtliche Putz und Malschichtausbrüche wurden sorgfältig bis auf das originale Umgebungsniveau der dritten mittelalterlichen Fassung geschlossen. Dabei erfolgte zunächst die Stabilisierung der Abbruchkanten unter Verwendung eines Kieselsäureesters und/oder eines dispergierten Weißkalkhydrates. Die Ergänzungen wurden je nach Bedarf ein- oder mehrschichtig mit einem Kalkmörtel und/oder einer Kalkschlämme ausgeführt.

Reparatur von Rissen

Fast genau im zentralen Bereich der Musterfläche läuft mitten durch eine der figürlichen Darstellungen ein ca. 3 m langer Riss. Dieser weist bereits eine jüngere, noch relativ intakte Reparatur

Abb. 98 Detailaufnahme: Die Integration der Fehlstellen im Malereibereich erfolgte als Strichretusche mit Aquarellfarben. Somit sind die Reversibilität der Retuschen und eine Unterscheidung zu den originalen Bereichen gewährleistet.

mit einem Kalkmörtel auf. Eine Abnahme und Reparatur war generell nur im unteren Bereich des Risses notwendig. Aufgrund der Tatsache, dass der Reparaturputz über den Rissbereich hinaus auslaufend auch auf intakte Bereiche der mittelalterlichen Malereien gezogen wurde, musste dieser im Oberflächenbereich insgesamt etwas zurückgenommen werden. Die Reparatur bzw. Ausbesserung beinhaltete folgende Arbeitsschritte:

- vorsichtige Abnahme der überlappenden Reparaturputzbereiche,
- vorsichtige Abnahme maroder bzw. instabiler Reparaturputzbereiche,
- Reinigung der Rissflanken mittels Reinigungspinsel und Staubsauger,
- Stabilisierung der Rissflanken unter Verwendung eines Kieselsäureesters und/oder eines dispergierten Weißkalkhydrates,
- Schließen offener Rissbereiche durch den mehrlagigen Auftrag eines Kalkmörtels bis knapp unter das originale Umgebungsflächenniveau der dritten mittelalterlichen Fassung,
- Abschließender Auftrag einer Kalkschlämme unter Verwendung verschiedener Sande und Mehle zur Anpassung der Reparaturbereiche an die originale Umgebungsstruktur.

In den weiteren Bereichen der Musterfläche zeichneten sich ausschließlich feine Risse bis zu einer Breite von ca. 1 mm ab.

Abb. 99 Die Aufnahme wurde während der aktuell laufenden Maßnahmen zur Erstellung einer Präsentationsfläche der dritten mittelalterlichen Gestaltung gemacht. Im Vordergrund sind vier der insgesamt sechs Aposteldarstellungen an der Nordseite sichtbar.

Diese wurden zunächst mit Ethanol vorgenetzt und weiter durch die Injektion eines dispergierten Weißkalkhydrates geschlossen.

Restaurierung – farbliche Integration von Fehlstellen

Die Integration der Fehlstellen innerhalb der Malereibereiche erfolgte mit Aquarellfarben und wurde als Strichretusche ausgeführt. So ist nicht nur die Reversibilität, sondern auch eine Unterscheidung zwischen Original und Retusche gewährleistet.

Reparaturen im Fondbereich wurden mit einer farblich, dem originalen Umgebungston entsprechenden Kalktünche eingebunden.

Resümee

Die Kirche von Stoltenhagen birgt heute im Innenraum einen historisch äußerst seltenen polychromen Fassungsbestand, der bis auf die Gründung des Gebäudes in der letzte Hälfte des 13. Jahrhunderts zurückgeht. Die bisher im Rahmen der Erstellung einer Musterfläche freigelegte und restaurierte polychrome Fassung, die vermutlich um 1300 entstand, gehört zu den besonders wertvollen Zeugnissen mittelalterlicher Wandmalerei in diesem Bundesland.

Aufgrund der bisher gewonnenen Erkenntnisse ist sicher, dass auch an den weiteren Wand- und Gewölbeflächen ein hoher Bestand vorhanden ist. Dieser Bestand ist in Gefahr. Hier herrscht dringend Handlungsbedarf.

Mit der aktuell erstellten Musterfläche erfolgte ein großer Schritt zum Erhalt des Bestandes im Innenraum. Erste Methoden zur Konservierung und Restaurierung wurden erarbeitet und somit ist eine Basis für die Entwicklung eines zukünftigen Restaurierungskonzeptes geschaffen.

Anmerkungen

1 Eine ausführliche Beschreibung der Untersuchung liegt in der Arbeitsdokumentation vor: König 2014a.

2 Hammer 1988.

3 Arnold et al. 1988.

4 Petersen 1994.

5 Ebenda.

6 Ebenda.

7 Hammer 1996.

BILDNACHWEIS

Bildarchiv des Caspar-David-Friedrich-Instituts der Universität Greifswald: 16–22
Anja Bujak: 38
Thomas Helms: 24, 33, 42, 82
Georg von Knorre: 39–41, 43–47
Volker König: 83–99
Karsten Kraehmer: 6, 8, 15, 25–26, 29–32, 37, 54, 57–59, 63, 70–71, 74, 78–79 sowie Umschlagfoto
Stadtarchiv Stralsund, Reproduktion Sabine Spernau: 1–2, 11
Torsten Rütz: 3–4
Wolfgang Schmidt: 5, 7, 10, 12–14, 23, 27–28, 34–36, 48–53, 55–56, 60–62, 64–69, 72–73, 75–77, 80–81
Detlef Witt: 9